초록빛 어울림

류시욱 지음

문학바탕

시인의 말

한시도 잊지 않고
찾아오시고, 말씀하시고, 설득하신
그리스도이신 예수님

시간마다 촘촘히 엮어주신
애절한 주님 사랑
저에겐 초록빛 희망입니다

항상 서투른 생활에서
푸른 꿈을 가꿀 수 있도록
함께한 가족에게 고마움을 전합니다

밤과 어울려 별빛 빚어내는
희망샘 교회
굴곡 많은 세월을 밝히는 등불입니다

네 번째 시집 초록빛 어울림
묵은 텃밭을 일구어
초록 언어들을 심고 또 심었습니다

비켜서야 할 자리라도
당신이 춤을 추고
세상을 신나게 하기를 소망합니다

겨울이 묻어있는 양지쪽에
노란 미소 가득한 민들레
밤새 맞은 이슬이 촉촉합니다

그렇게도 고운 사랑으로
우리 모두 서로에게 행복이길 기도합니다
미안합니다 용서합니다 고맙습니다 사랑합니다

2013년 3월 19일 햇살이 어울리는 호숫가에서

청담 류시욱

목차

시인의 말 · 2

1부 세월의 교차로

5월의 비둘기 · 10
가을 고추잠자리 · 11
가을 길 1 · 12
가을 길 2 · 13
가을 길 3 · 14
5월의 인생 · 15
가을에 쓴 편지 · 16
가을이 사랑을 말할 때 · 17
겨울 세상 · 18
겨울이 지나는 길 · 19
낙화 · 20
꽃비 · 22
꽃구경 · 23

백색 순결한 사랑 · 24
눈 오는 날 · 26
떠난 여름 흔적 · 27
봄꽃과 꽃봄 · 28
봄에 부르는 희망 · 29
봄이 오는 길 · 30
억새꽃 · 31
양지쪽 · 32
장미꽃 · 33
오는 가을 · 34

2부 사랑의 여울목

강가에서 1 · 36
강가에서 2 · 37
강가에서 3 · 38
강가에서 4 · 39
강가에서 5 · 40
강가에서 6 · 41
강가에서 7 · 42
강가에서 8 · 43
강가에서 9 · 44
강가에서 10 · 45
담쟁이 · 46
바닷가 · 47
구름 · 48

바람 불 때 · 49
보름달 · 50
어느 바닷가 · 51
은행나무 아래서 · 52
탁류 · 53
파도 · 54

3부　그리운 오솔길

가끔은 · 56
가야할 길이 많다 · 58
경로잔치에 부치는 시 · 59
고향 · 62
고향에 가야 · 63
아름다운 마무리 · 64
새 빛 비추소서 · 66
새아침의 희망가 · 68
당신이 시인 · 70
세월 · 71

아버지 1 · 72
아버지 2 · 74
어머니 · 75
옛날 그 사람 맞지요 · 76
추석에 드리는 기도 · 78
추석 단상 · 80
행복이어라 · 81
희망이 해답 · 84

4부　고운빛 옹달샘

감사 1 · 86
감사 2 · 87
기다림 · 88
생명 1 · 89
생명 2 · 90
생명 3 · 91
생명 4 · 92
생명 5 · 93
생명 6 · 94

화평 1 · 95
화평 2 · 96
화평 3 · 98
화평 4 · 99
화평 5 · 100

5부 초록빛 어울림

7월의 기도 · 102
골고다 · 103
갈보리의 슬픈 노래 · 104
대림절 1 · 106
대림절 2 · 107
대림절 3 · 108
대림절 4 · 110
대림절 5 · 111
대림절 6 · 112
대림절 7 · 114
대림절 8 · 115
부활 1 · 116
부활 2 · 117
부활 3 · 118
사순절 기도 1 · 120

사순절 기도 2 · 121
예수님 명상 · 122
성탄 1 · 123
성탄 2 · 124
성탄 3 · 126
주님과 동행이 행복이라네 · 127
십자가 1 · 128
십자가 2 · 129
십자가 3 · 130
십자가 4 · 131
인내의 승리 · 132
인내의 미소 · 133
인내의 행복 · 134
인내의 향기 · 136
인내의 깃발 · 137

작품해설 · 138

부록 - 류명훈 시 · 146

은혜 · 147
미소 · 148

물음 · 150
무제 · 151

1부

세월의 교차로

5월의 비둘기

창가에 푸른 옷을 입은
비둘기 한 마리 앉았습니다.

한겨울 마른 가지마다
날갯짓할 참이면
동서남북 사방에서
푸른 소나기 쏟아집니다.

어쩌다 5월 산야를 노래할 때면
푸른 하늘이 내려와
산골 실개천까지
푸른 물로 넘쳐납니다.

5월은
푸른 비둘기
울음조차 짙은 초록입니다.

가을 고추잠자리

가을 햇살이 만들어 가는 길에는
모진 세상을 참고 참아온
고추잠자리 한 마리의 붉은 사랑 노래
슬프도록 아름답게 들려온다.

그늘진 강가 비릿한 내음
물씬 풍기는 강둑을 거쳐
파란 하늘을 가로질러
여린 날개에 싣고 나르는
지난 세월의 아픔
하나, 둘, 셋…

이제는 가을 햇살보다
더 달콤한 사랑으로 다가와
쓰라렸던 세월
햇살로 헹구어 내고
달빛 물든 억새풀 사이에 눕는다.

가을 길 1

가을에는 길이 있다.
괴나리봇짐 메고
반겨줄 이 없는 곳으로
혈혈단신 떠난다 하여도
마음이 넉넉한 길이 있다.

걷고 걸어도
자꾸만 걷고 싶어지는 길
정상에 오르지 못해도
휘파람 높이며 환희와 함께
가을은 골짜기 시냇물을 건넌다.

가을에는 길이 있다.
달그락 소리 나는 호주머니
기다리는 사람도 없지만
지팡이 하나 짚어도
희망노래 가슴에 넘치는
날아갈 듯 벅찬 길이 있다.

가을 길 2

깎지 않고 다듬지 않아도
길을 만드는 길
가을 길에는
길을 묻지 않고
걷는 사람들이 항상 붐빈다.

포장하지 않고 안내표시 없어도
길을 나서면
걷고 싶어지는 길
가을이 걸어가는 오솔길에는
사람들의 발자국이 요란하다.

가을이 낸 길을 걸으면
나는 가을이 되고
내 안에
또 하나의 길이 생긴다.
걸어온 길이 아닌 길 가을 길.

가을 길 3

오시려면
기별이라도 하시지요.
돌담길 곁에 선 감나무
잎 하나 뚝 떨어질 때
놀란 가슴으로 성큼 오시나요?

머무시려면
흔적은 남지 않게 머무셔요.
만산의 푸른 잎
붉으락 누르락 불 질러놓으면
뒷감당은 누가 해야 하나요?

가시려면
그리움 남기지 않게 해야죠.
뜨락의 떨어지는 낙엽 하나에도
작년에 앓던 가슴앓이
보고 싶은 눈물 자꾸만 나네요.

5월의 인생

장미꽃 아름답게 피는 5월은
붉은 꽃 수레에 사랑 싣고
침침한 골목길에도
가로등 타고 내리는 사랑입니다.

어린아이 까르르 웃음소리에
가정마다 도란도란 꽃이 피고
가슴마다 타는 붉은 열정
새벽이슬 같은 은빛 행복입니다.

별빛 떠난 하늘 언저리에도
어두움 씻어낸 샛별 빛나고
스치는 얼굴마다 꽃피는 미소
아! 5월은 진정 삶의 여왕입니다.

가을에 쓴 편지

파란 하늘이 창가에 앉으면
서랍 속에 넣었던 종이 위에
붓 끝에 가을 찍어
편지를 적어갑니다.

지난 가을 말하지 않고 남긴 사연까지
한 땀 한 땀 적으면
창문 틈으로 낙엽 타는 가을 향기로
방안 가득히 채워집니다.

어느덧 하늘엔 가을이 물든 별빛 찬란하고
가을 벌레소리 귓가에 잦아들어
마음 가득히 가을이 남기고
구석구석 잊지 못할 흔적입니다.

밤이 지나 아침이 오면
뜨락의 감나무에도
지난밤에 쓴 가을 편지
분홍빛 사연들로 가득합니다.

가을이 사랑을 말할 때

가을이 사랑을 말할 때
나는 부서지는 파도였습니다.
밤새워 달려왔지만
한마디 말도 못한 채
수줍게 등 돌려 돌아가야 했습니다.

그러나 이제는
하얗게 부서지는 포말처럼
억새꽃잎에 마음을 담아
가을이 지나는 길에
눈이 부시도록 당신을 기다립니다.

가을이 사랑을 말할 때
억세게 운이 좋은 꿀벌이 되어
사랑이 머문 꽃 한 송이
내 가슴에 꽂아 두고
오늘밤은 그 꽃향기에 취하렵니다.

겨울 세상

외로움에 익숙한 사람 없던가?
해가 지고 해가 뜨는 길목에
추운 비둘기 한 마리
발가락 하나 잘린 채
절뚝이며 얼음 땅을 뒤지고 있다.

가는 길 익숙한 사람 없는가?
기차 떠난 눈 덮인 간이역에
어디서 와서 어디로 가시는지
등허리에 세월의 봇짐 얹은
하얀 할머니 지팡이가 외롭다.

그래도 왜 사느냐 묻는다면
大寒 지나고 立春 오며
雨水, 驚蟄 지나면
얼었던 대동강 물이 풀리어
마침내 꽃이 된다고 말할 것이다.

겨울이 지나는 길

겨울이 지나는 길에
하얀 눈사람 걸어갑니다.
불쑥 나타나면 놀라실 것 같아
담 모퉁이에 기대어 서서
행여나 멈출까
작아진 마음 졸이며 기다립니다.

기다림이 깊어올수록
모성애는 철 지난 낙엽처럼
스치는 찬바람에
슬픈 비행으로 곤두박질하고
먼 길 떠난 자식 생각에
자해하듯 가슴앓이 시작합니다.

겨울이 지나는 길에
하얀 눈사람 걸어갑니다.
찬 이불 둘둘 말아 시렁에 두고
설중매 피는 날 기다리다
눈 덮인 비탈길로
빠르게 미끄러지며 걸어갑니다.

낙화

피었다,
지는 꽃이런가
그까짓 바람 한 점
막을 수는 없었더냐.

집 떠난 벌 나비
어렵사리 찾아와서
옷고름 풀어놓고
한잠 청하는데
우-수-수-수
꽃비로 쏟아지니
어쩌자고…….

왔으니,
가는 걸까?
그까짓 흐르는 세월
잡을 수는 없었더냐.

삶에 지친 인생
오랜만에 찾아와서
속마음 풀어놓고
들꽃 자리에 서는데
우 수 수 수
낙화
가슴으로 받는다.

꽃비

바람이 불면
벚꽃 나무에서는
꽃비 내린다.

지난밤 하얀 달무리 속에서
구름 꽃 짓더니
오늘 아침
지나는 사람 사이로
꽃비 가슴으로 내린다.

해마다 4월
중랑천 뚝방에는
꽃비 내린다.

지난밤 뒤숭숭한 꿈 틀어
하얀 구름 만들더니
오늘 아침
맨몸으로 걷는 발길마다
꽃비 온몸을 적시며 간다.

꽃구경

꽃보다 아름다운
사람인가
사람보다 아름다운
꽃이런가.

꽃 보러
벚나무 아래 섰더니
우르르
바람에 달려와
가슴에 안겨오니.

사람보다 아름다운
꽃인가
꽃보다 아름다운
사람인가.

백색 순결한 사랑

65억 허다한 사람 중에
당신은 오직 나의 것
나는 당신의 유일한 것으로
택함 받은 우리
양손으로 당신을 받들고
여기 백색 순결한
사랑의 아침을 열었습니다.

가슴 설레던 그리움은
분홍빛 열매로 영글었고
뜨거운 사랑의 가슴에
하나님이 맺어준 인연으로
만세를 밝히는 사랑과 사랑이여.

내가 오른쪽에 설 때
당신은 왼쪽에 서시고
내가 왼쪽에 설 때
당신은 오른쪽에 서시어
거친 풍파 헤치고 나아가
천년만년 함께하리라.

아침저녁 말씀과 기도하며
무지개 꽃향기 열매 맺어
하나님의 은혜 부모님의 사랑
심장에 담고 마음에 심어
축복의 땅에 행복의 꽃을 피우리.

밤을 깨워 새벽을 만들자
여명의 샘에 희망 빛 길러내어
주님 주신 사랑의 둥지에서
알콩 달콩 사랑을 속삭이며
펄럭이는 희망을 높이 달아라.

그대들이 가는 길에
행복이 빛 되어 쏟아지리라
기쁨이 하늘을 나는 백조 되어라
삶이 꽃이 되고 한 편의 시가 되어라
땅에서 누릴 하나님의 기쁨 되어라.

눈 오는 날

백설이 고요한 오솔길
시간에 거슬린 세월들이
하얀 서릿발 틈으로
눈가루 뿌려지듯
흩날리는 눈꽃 추억 적는다.

하얀 꽃이 떨어진 거리
마음에 등불 켜고
바람에 날리는 백설처럼
해묵은 상념 떨치려다
눈 오는 날에 갇히고 만다.

누군가 지나간 흔적에
어릴 때 부르던 노래
눈이 시리도록 부르다
오늘밤에는 흰 커튼 두르고
호롱불 하나 켜도 좋을까 싶다.

떠난 여름 흔적

여름이 떠날 무렵
곳곳에 파헤쳐진 흔적들이
머리 풀고 하늘을 오르는 연기처럼
어지럽게 깊은 상처를 남겼다.

사람들이 깊은 한숨을 들이킬 때
잠자리 한 마리
한두 번 머리를 흔들더니
무거운 날개 흔들며 자리를 떠난다.

이렇게 여름이 떠날 줄 알았다면
일찍이 가을을 불러올 것을
소나기 지난 깊은 상처
할아버지 주름처럼 깊기만 하다.

봄꽃과 꽃봄

봄은 꽃으로 피어나고
꽃은 먼 길 돌아와
봄으로 무지개 눈을 뜬다.

꽃은 봄으로 춤을 추고
봄은 허리를 펴고
꽃으로 가락을 뜯는다.

봄은 꽃으로 잠들고
꽃은 돌담 햇살 들추고
봄으로 사랑을 씹는다.

봄은 꽃으로 봄이 되고
꽃은 봄으로 꽃이 되니
봄은 꽃으로 오고
꽃은 봄으로 가네.

봄에 부르는 희망

산 너머 강촌에는
두꺼운 얼음 사이로
겨울잠을 자던 어린 붕어
살랑 살랑 지느러미 춤을 추고
강둑에 묶였던 조각배에
꽃 소식 가득 담았습니다.

봄을 그리다 잠든
개나리 여린 가지마다
실바람은 노란 꿈 그리고
문풍지 너머로 화사한
아침 햇살 한 줌 틈으로
코끝엔 봄 향기 가득합니다.

흔들리는 세월은
찬바람 스친 골목에
녹지 않을 잔설이 되었지만
처마 끝 고드름 녹기 전
봄에 부를 희망은
벅찬 생명으로 피어납니다.

봄이 오는 길

시간은 겨울 외투를 벗고
양지쪽 기슭에 앉아
아지랑이로 환생한 나비를 찾아
여행을 시작했습니다.

누가 동행할지 모르지만
바람은 가벼운 걸음으로
저만치 앞서가다 돌아서서
하얀 할아버지 팔을 잡았습니다.

놀이터에는
펭귄 닮은 아이들이
뒤뚱 뒤뚱 걸으며
봄이 오는 길을 다듬고 있습니다.

아이고, 참 덥구나!
양털 스웨터를 입은 할머니는
꽁꽁 묶은 허리띠 풀고
겨울을 훌 훌 벗어 던졌습니다.

억새꽃

은빛 아우성
쓰나미처럼 밀고 달려오는 하얀 물결
능선을 넘어 턱까지 차오르다
숨이 막힌다.

생각이 다른 사람들이지만
선창도 없이 일제히
얼굴에 굳은 근육 풀고 합창한다.
아! 억새꽃이다.

하도 듣던 소린가
눈길 한번 주지 않고
억새꽃은
하얀 손바닥 비비더니
푸석한 도시 사람들의 얼굴에
홍조빛 색깔만 입힌다.

양지쪽

시간이 털옷을 벗고
양지쪽에 머물 때
겨울은 두꺼운 외투를 벗고
햇살 품에 안겨
사르르 곤한 잠에 빠져 든다.

기다림에 지쳤는가?
아직 찬바람 서성이는데
햇살 쏟아지는 곳엔
지난봄에 남긴 그리움
발그스레한 가슴 톡톡 터진다.

꿈이었나 눈을 뜨면
겨울을 지난 매화 한 송이
제 집을 찾아온 제비처럼
하얀 속살 드러내고
분홍빛 햇살에 눈을 감는다.

장미꽃

먼 여정 단숨에 달려와
누구도 칭찬하지 않지만
붉은 열정 세월로 빚어
가슴으로 피어내는
돌담길에 핀 장미꽃이여.

바람 불어 눈 날리고
빗줄기 강물로 흐르던 때
애처롭게 잡던 손 뿌리치고
떠난 님 찾아온들
이보다 더 아름다우랴.

오늘같이 장미꽃 피는 날
그립던 고향 친구 불러내어
장미꽃 향기 그늘에 앉아
촉촉한 지난 추억 나누며
꽃 차 한잔 마실 수 있었으면.

오는 가을

이렇게 가을이 올 것을
한여름 그렇게
물 폭탄 바람 폭탄
퍼부었나.

가을밤 귀뚜라미 어린 소리에
내어줄 자리인데
산사태에 흔들렸던 사람들은
어디서 찾을 수 있나

가을은 하늘에서 오고
사람들은 땅에서
밭고랑에 한여름 묻어두고
속절없이 먼 산을 바라보는데

어느덧 가을은
산기슭을 거슬러
아침 강둑
코스모스 꽃잎에 달려있다.

2부

사랑의 여울목

강가에서 1

이제는 살리라.
어릴 때 가재 잡듯
추억 붙잡고
강가 오두막집에서
밤하늘 밝히는
별빛으로 살리라.

이제는 말하리.
소꿉동무 자야를
너무나 좋아했다고
흐르는 강물에 띄운
종이 돛단배 찾아
사랑했다고 말하리.

이제는 떠나리.
새들이 집으로 간 길로
휘파람 한 소절 남기고
강가 들꽃 잠들기 전에
가슴에 돋은 꽃잎 물고
흐르는 강 따라 떠나리.

강가에서 2

친구에게 전화할까
여기 노란 수선화 핀 곳이라고
말하여 부를까?
꽃향 진한 벤치에 앉아
부드러운 마음으로
강바람에 입이라도 맞출까?

구름이라도 부를까
여기 맑은 햇살 비추는 곳이라고
손짓하여 부를까
햇살에 부서지는 은빛 비늘
양손으로 건져내어
사랑의 집이라도 지을까?

스치는 사람이라도 잡을까
고독함을 달랠 수 있는 곳이라고
가슴에 안아볼까
나그네 외로움 찾아내어
나는 네가 있어 행복하노라
말하여 버릴까보다.

강가에서 3

뚝방에 가면
자전거를 타고 달리는
새벽 강이 있다.

저녁 커피 잔이 비워질 때면
아침 강은 눈을 비비고
자전거 바퀴에 강바람 넣고
아침 햇살을 갈라
신나게 내리 달리는 자전거.

지난밤 수많은 사연들을
자전거 두 바퀴에 감아가며
강바람은 바람난 처녀처럼
헝클어진 머리카락도
아랑곳하지 않고
강둑을 마구 달린다.

뚝방에 가면
자전거를 타고 달리는
새벽 강이 된다.

강가에서 4

기념비 하나 없지만
한마디 불평도
답답한 가슴앓이도
그리고 한마디 원망도 없이
한결같이
갈 길 이어오는 강이여.

오늘 아침에는
이름 없는 들꽃 한 송이 꺾어
벌 나비 불러놓고
춤이라도 추고 싶어라.

그리 아니할지라도
섭섭하다 한마디 푸념도 없이
초심 그대로
노래하며 갈 길을 가겠지만.

강가에서 5

강가에 서면
가고 싶은 곳이 생긴다.
어디인지 모르지만
앉을 자리 없어도
이유 없이
추억 머문 곳에 가고 싶어진다.

강가에 서면
만나고 싶은 사람이 생긴다.
누구인지 모르지만
반겨줄지 몰라도
왠지 눈물겹게
보고 싶은 사람이 걸어온다.

강가에 서면
사랑한다고 말하고 싶어진다.
내 사랑 허공에
바람으로 스칠지라도
가슴 뭉클하게
사랑하고 싶은 그리움이 보인다.

강가에서 6

저녁 달 홀로 있다 기울 때도
무수한 별들이 반짝일 때도
솜사탕처럼 달콤함 잊지 않고
수많은 세상을 품은 채
마냥 흘러가는 사랑이 있습니다.

아침저녁 마음이 변할 때도
얼굴 붉히며 되돌아설 때도
일편단심 걸어온 외길에
햇살은 은빛 꽃다발 들고
손짓하며 쫓아오는 행복입니다.

솔바람 조용히 스칠 때도
토끼풀 하얀 왕관 쓸 때도
서쪽 하늘 노을빛 바라보며
엷은 미소 버리지 않은 강가
남은 태양빛이 아름답습니다.

강가에서 7

버릴 수 없었던 사랑인가요?
별같이 무수한 가슴 안고
멀고 먼 비탈진 외길을
언제나 같은 한마음으로
오늘도 유유히 흘러만 갑니다.

잊을 수 없었기 때문인가요?
생각이 하도 많은 세상
잊어도 괜찮을 듯하지만
들꽃 하나에 헝클어진 마음 묶어
이렇게 바다까지 가는 겁니다.

잠들지 못한 이유를 알겠습니다.
보이지 않는 당신이지만
꿈에서라도 잠들지 않게
강물에 얼굴 씻고 또 씻어
출렁이는 기쁨으로 갈 길 갑니다.

강가에서 8

누군가가 인생이
유수 같다고 말하지만
항상 그 자리를 비켜가는
찾으면 찾을수록
흘러가 버린 강물이여
한순간도 머물 수 없는가?

그렇게 바쁘게 가려면 차라리
온다고 하지는 말지
왔으면 차 한 잔이라도 마시고
하룻밤 정이라도 나눠야
보내야 하는 허전함
달랠 수라도 있지 않으리.

왔다 가는 강물
강물같이 가버리는 세월
오늘도 강가에서
가는 인생 붙잡고
차 한 잔 권하지만
가버린 뒷모습 저녁노을 애닲다.

강가에서 9

어디서 와서
어디로 가는 것일까?

물어도 대답 없는 강가에서
오는 길도 침묵하고
가는 길은 돌아눕는다.

강가에 서면
온 길도 알 수 없고
갈 길도 알 수 없지만

언제인가
강이 흐르다 멈추는 곳
그곳에 이르면
나 또한 멈추겠지

언제가 나 돌아갈 때
흐르던 강에 멈추고 싶어라.

강가에서 10

세월을 셈하여 봅니다.
남은 세월 얼마일까 하고
하도 익숙한 흐름이라
이젠 속내를 보일 때도 되었건만
내일이 저만치 온다고 하고는
두 눈 지그시 감고 흘러온 길.

천년을 이렇게 가버렸는가
바람을 잡고 묻고 물었지만
가슴에 구멍 뚫린 길 열어놓고
햇살 빠진 물 긴 꼬리 따라
물오리 한 마리 자맥질합니다.

바람 길이었는가 생각합니다.
못다 간 길 가려는가?
남은 길 있다고 하지만
흰 백로 머리카락에 날으고
하고 싶은 말 묻어두고 싶으니
부서진 세월 물길 따라 흐릅니다.

담쟁이

나보고 운 좋은 놈이라
말하지 마세요.
세월을 견디는 것은
담벼락이라도 기고 또 기어
올라가는 것뿐입니다.

나보고 끈질길 놈이라
비꼬지 마세요.
내가 가지고 있는 것이라고는
썩은 고목나무라도 붙잡을 수 있는
상처 난 발바닥입니다.

나보고 강인한 놈이라
흉보지 마세요.
태생이 약하기 때문에 바람에 매달려
살아남기 위해서 죽을힘을 다할 뿐입니다.

바닷가

저녁바다는
큰 입 벌려
태양을 잘게 씹어
물 위에 뿌린다.

금빛 찬란한 물보라
포물선 그리다
하얀 갈매기 등살에
흰 웃음 터뜨린다.

바닷가 모래위에
아이들의 해맑은 웃음소리
은빛 성 위에 새록새록
소라 꿈 하나둘 익어간다.

구름

구름은 멈추고 싶으나
바람 손길 서성이고
바람이 멈추고 싶으나
나뭇가지 재촉하네.

사람은 머물고 싶으나
가는 세월 숨가쁘고
세월이 머물고 싶으나
서산 낙일 바쁘구나

바람이면 어떠하랴
세월이면 어떠하랴
이왕지사 흘러가니
가야 할 길 가려무나.

바람 불 때

바람 불 때
강가의 무수한 갈댓잎들은
술 취한 사람처럼
이리저리 흔들린다.

흔들리는 것
어디 갈댓잎뿐이랴
뿌리 뽑히듯 요동치는
사람의 마음은 어떠리.

갈댓잎 흔들릴 때면
시인은 시를 쓴다.

갈대가 강가에서
바람을 흔들고 있다고
흔들리는 붓을 들고
강가에서 흔들리는 시를 읽는다.

보름달

밤하늘 빛 모아 모아
푸른 창공에 달아 두고
타향살이 서러운 사연
맑은 빛에 씻어내니
휘영청 밝은 희망
하늘 가운데 가득하다.

씻기지 않을 그리움
달빛에 씻어내고
그리운 마음 모아
고향 사립문 찾아가면
보름달 같은 우리 엄마
하얀 버선발로 맞아주리.

둥근 찻잔 가득
사랑 한 묶음 우려내어
세월 밑으로 삼킬 때
목련꽃 향기 하얀 잎에 머물고
희망 담은 보름달
벅찬 가슴 넘쳐난다.

어느 바닷가

천둥은 지축을 흔들지만
파도는 여전히
처음처럼 출렁이고
지나던 여객선은
천천히 갈 길을 간다.

구름이 아무리 재촉해도
시간은 여전히
어제처럼 흘러가고
해변의 여인은
긴 오수에 잠긴다.

사람의 마음은 조급하지만
해변의 바위는
파도를 안고 부비며
조약돌 줍는 아이들은
환한 미소로 구름을 본다.

은행나무 아래서

아침이 가을을 만나면
은행나무 숲 사이로
파란 하늘에
노란빛 햇살 쏟아낸다.

긴 세월을 살아온 친구는
애꿎은 가지만을 흔들다
사방 천지에
노란 파도를 보고 놀란다.

아이구! 이렇게 하다간
초가삼간 나의 집도
이제 흔적 없이 온통
노란 집으로 바뀌겠구려.

탁류

피 맛을 본 누런 수마는
탈수기에 세상을 넣고
빙빙 돌리다
흙탕물로 배를 가득 채웠음에도
배고픈 채
또 한 사람 입에 물고 있다.

파도

소원이 뚜렷한 놈은
밤을 지나왔어도
목소리가 우렁차다
철썩 철썩.

콧대가 굵은 놈은
비오는 날
광야에 홀로 있어도
날갯짓이 힘차다.

푸른 등을 솟구쳐
구름을 입에 물고
밤새 돌아누운 바위를
흔들어 깨운다.

3부

그리운 오솔길

가끔은

가끔은
시간이 잠드는
강이 보이는 찻집에서
물오리 소리 들으며
사랑한다 말하고 싶어라.

가끔은
갈대 소리 들리는
낮은 언덕에서
하늘 끝을 바라보며
묵은 상념 지우고 싶어라.

가끔은
사람 소리 없는
외딴 집에서
젖은 커튼 젖히고
하얀 햇살 받고 싶어라.

가끔은
우두커니 앉아서
따끈한 물 마시며
흘러가는 세월의 그리움
구름에 새기고 싶어라

가끔은
공동묘지에 앉아서
잠든 사람을 생각하며
내 누울 자리에
다리 뻗고 눕고 싶어라.

가야할 길이 많다

숱한 날 걸어왔다고 하지만
아직 보지 못한 것이 많고
눕지 못한 세월이 하도 많아
의자가 있지만
앉을 수가 없지 않은가?

잠자는 영혼들은 풀숲에서
여태껏 피리를 불고
지나가는 순례 객을 부른다

오랜만에 강을 건너려
징검다리에 젖은 발을 놓는다
발 아래 배고픈 고기떼들
떨어지는 먹이를 찾으러
빠져버린 이빨을 드러낸다.

나무 위에 까치는
너무 오래 햇볕을 받았는지
늘어진 날개를 퍼득인다.

경로잔치에 부치는 시

어머니 낳으시고
아버지 기르시어
한 세상 훌훌 자유롭게 살라셨지만
금수(禽獸)가 아닌 이상
어찌 낳으시고 키우신
우리의 어버이 잊을 수가 있으랴.

하루 살기도 힘겨운데
칠팔십 년 세월 동안
굽이 굽이 험산 준령
돌고 돌며 넘고 넘어 오신 길
꽃이 아름답다고 한들
이보다 아름다울 수 있으며
산새 소리 곱다한들
어버이 소리보다 고울소냐.

쓴 물은 삼키시고
단물은 먹이시며
철없는 자식 키우시랴
곱고 곱던 등살에

거북이 등껍질 자리잡고
논 매고 밭 갈아
못난 자식 가르치시느라
얼굴엔 거친 밭고랑
손발은 거친 자갈 밭
넘쳐 흐르는 고독한 눈물이여.

검은 머리엔 백설 흩날리고
메뚜기 한 마리도 무거운 어깨
낡은 몸 가누지 못하는
야윈 두 다리
자식들 눈치 보랴
들리지 않은 귀 세우고
밤잠을 뒤척이는 세월의 아픔
저녁 노을 매단 가슴에
쓸쓸히 흘리는 눈물 웬 말인가?

부디 오늘 하루만이라도
여기 효도하는 지팡이 짚으시고
굽은 허리 일으키시어

상한 마음 세월의 강에 던지시고
언제였던가 그날처럼
환한 미소 되찾으소서.

사랑합니다. 존경합니다.
오늘 같은 맑은 미소로
항상 곁에 계시옵소서.

고향

그리움 한 가지만으로 가는 집이 있다.
빈 손으로 문을 열어도 평화로움이 머문 곳이 있다.

길을 몰라도
꿈속에서도 찾아갈 수 있는 마당이 있다.
쌀독에 바람만 있어도
달려가서 안기고 싶은 마음이 있다.

세월이 지난 흔적을 지울 수 있어도
황량한 들판에
또렷이 피어나는 긴 그리움
떠돌던 구름 조각이
별이 되어 빛나는 밤이면.

식은 찻잔에 커피 향처럼
가슴에 맴돌다
왈칵 쏟아내는 정다운 얼굴
오늘은 고향 대청마루에 누워 보리라.

고향에 가야지

타향살이 좋다해도 고향 산천보다 좋을 수가
타향의 하늘은 언제나 낯설고
타향의 신작로엔 얼굴 모를 자동차 물결
마음의 옷고름을 풀어낼
이제 고향으로 돌아가야지.

고향을 떠나던 날 곧 돌아가리라 생각했을 때
해를 넘기지 말고 가야 했는데
소 몰아 이랑 갈던 텃밭
잡초에 검게 말랐어도
멍멍이 짖는 소리까지 정다운
참말이지 고향으로 돌아가자.

이제나 저제나 객지 간 자식 기다리는 부모님
손주 녀석 안고 돌아가
아부지, 어무이 저 왔습니다
대답 없는 메아리만 들릴지라도
객지의 마른 눈물 쏟아낼
고향, 이젠 고향으로 돌아가야지.

아름다운 마무리

아름다운 섬김의 자리에 피어난 송이 꽃
오늘 따라 향기 넘치고
지나온 발자국마다 담긴 헌신의 흔적
주님과 동행한 아름다움이어라.

남 몰래 흘려야할 눈물 혼자만 삭혀야할 사연
주저앉아 쉬고 싶었던 유혹
그러나 주님 옷자락 잡는 정성으로
희망샘 교회만을 섬기게 하신
넘치는 은혜의 강줄기 항상 푸르고 충만했습니다.

먼 길 힘든 일 마다 않고
남이 하지 않은 일 찾아
기쁘게 감당하신 권사님의 땀 흘리신 헌신에
교우들은 힘찬 박수를 보냅니다.

교회 희망, 교회 평안, 교회 부흥.
남은 권사님의 생애에
웃음 짓는 일로만 충만하시길 기도합니다.

천국에서 받을 면류관
권사님이 들인 정성들
반짝 반짝 빛날 보석으로
영롱한 헌신의 빛 영원토록 빛나리라.

권사님이 머문 자리 어찌 그리 아름다운지
시무 권사란 자리는 떠나지만
다음해 피어날 새싹들
또 한 번의 썩어질 낙엽으로
기름진 기도 무릎 변치 말아주소서.

서쪽하늘에 빛나는 노을처럼
아름다운 마무리 환한 빛이여
일편단심 교회사랑 일평생 주의 몸 된 교회
내 몸처럼 사랑한 정성 산천을 포근히 덮을
하얀 눈송이처럼 아름다워라.

권사 은퇴를 축하드리는 담임목사

새 빛 비추소서

빛보다 귀한 것 없음을
모르는바 아니지만
아픔과 고통의 세월에
슬픔과 한숨을 걷어가고
희망을 노래할
맑은 빛 걸어왔습니다.

빛으로 와서
빛으로 떠나는 세월
2010개의 빛들은 어제였고
하나의 빛을 더한
2011개의 빛으로 만든 새해
빛들의 찬란함에
66억 사람은 미소 짓고
삼라만상은 춤을 춥니다.

비추어라 밝은 빛이여
불어라 희망의 빛이여
빛을 모아 엮은 새해 신묘년
바람 부는 세상에

어두움 잘게 부수어
수천 대를 이어갈
고운 빛으로 살게 하소서.

이제 빛으로 걸어가자
고운 빛 쏟아지는
푸른 초장 맑은 물가
감사와 사랑 따뜻한 세월
새해를 밝힐 빛이여
아버지 품에서 영원하여라.

송구영신 예배

새아침의 희망가

좌절과 체념의 골짜기에서
쏟아내는 빛의 축제여
실패와 낙심의 구름 걷어내고
온몸으로 달려오는
찬란히 밝아오는 새 아침.

허상과 망상의 상념 걷어내고
만선의 깃발 펄럭이는
비옥한 들판 넓은 바다야
꿈틀거리는 생명을 노래하는
우람한 희망의 나팔 소리 들어라.

분쟁의 산맥에 부는 훈풍이여
희망의 바람개비를 돌려라
엉겅퀴 가시덩굴 여정이라도
백두산에서 한라산까지
화해의 무지개를 세워야 하리.

둥둥 희망의 북을 울리자
억만년 이어갈 세월을 깨우며
온 세상이 듣게 힘차게 울리자
동서남북 함께 손 잡고 부를
영롱한 아침, 새 아침의 희망가.

당신이 시인

낯선 시집 한 권 가슴에 품고
어린아이처럼 즐거워하는 사람
당신은 가슴으로 시를 쓰는
한 편의 시입니다.

물소리가 들리는 창가에 앉아
풍경을 벗 삼아 시를 읽는 사람
당신은 맛으로 시를 짓는
맛있는 시인입니다.

빛이 드는 머리맡에
시집 한 권 두고도
한 가슴으로 시를 맛보는 사람
당신은 한 편 한 편 시를 빚어내는
내 마음의 행복한 시인입니다.

해경당 사장님과 대화를 하면서

세월

기다리지도 않고
편지 한 통 보내지도 않았지만
저 멀리 광야를 가로질러
쏜살 같이 달려온 세월은
가슴에 달라붙어 떠날 줄 모른다.

모든 창문을 닫고 두껍게 커튼을 친 후
반길 마음도 내비치지 않고
찬바람으로 돌려 세우지만
세월은 이미
안방에 앉아 가지런히 눕자고 한다.

눈을 감아도 머리끝에서부터
하얗게 빗물을 털어내며
낯익은 친구인양
양손 꼭 잡고
세월은 자꾸만 서산으로 가자 한다.

아버지 1

피를 나눈 인연 때문인가
네가 아프면 내가 아프고
네가 울면 내가 울고
네가 상하면 내가 상하는
부자지간의 인연
이것이 아버지란다.

살을 나눈 인연 때문인가
네가 기쁘면 내가 기쁘고
네가 행복하면 내가 행복하고
네가 즐거우면 내가 즐거운
부자지간의 인연
이것이 아버지란다.

내가 먹는 것보다
너를 먹이면 배부르고
내가 입는 것보다
네가 입으면 기쁨이 넘치니
부자지간의 인연
이것이 아버지란다.

내 안에 네가 숨을 쉬고
내 안에 네가 잠들고
어느새 너는 나의 전부였고
너는 내가 숨 쉬는 이유가 된
부자지간의 인연
이것이 아버지란다.

아버지 2

아버지가 되기 전에
내가 부르는 아버지는 허상이었습니다.
먹여주시고 입혀주시고 재워주시는
궁할 때만 아버지였던
허상의 아버지였습니다.

자식이 생겼다고
내가 아버지가 되는 것 허상이었습니다.
공부시키고 시집보내며 장가보내는
아버지 도리를 했다고
아버지는 아니었습니다.

검은 머리에 하얀 서리 덮이고
발걸음 비틀거리고 팔다리 흔들리며
입속 밥알 모래알 될 때
하나 둘 아이들 떠난 빈 둥지
홀로 남았을 때
비로소 아버지였습니다.

어머니

어머니!
생각만 해도
눈물이 나는 이유는 뭡니까?
살아생전에 진수성찬 올리지 못한
때늦은 후회 때문인가요?

어머니!
소리 내어 불러도
가슴이 아리는 이유는 뭡니까?
어머니 생전에 가슴에 박은 못 때문에
가슴이 저려오는 것입니까?

어머니!
지난 세월에
흰 서리 머리에 내렸지만
어머니 생각에 붉은 카네이션 한 송이
눈물 고인 가슴에 꽂았습니다.

옛날 그 사람 맞지요

옛날 그 사람 맞지요?

항상 웃음을 잃지 않고
부르면 달려오고
앉으면 시간이 머물고
아직도 옛날 그 사람
그리움으로 삽니다.

문자를 보냈는데
대답이 없어요
혹시나 잊으셨나
옛날 그 사람 맞지요?

한번 봐요
봐야 살 것 같아요.

호롱불 하나 켜서
처마 끝에 달았습니다.
그 사람 찾아올 것 같아서
바람 불어 흔들지만
호롱불 켜서
그대 오실 길 밝혀봅니다.

추석에 드리는 기도

주님!
올 추석에는 둥근달이 되게 하소서

중천에 둥근달이 뜰지라도
입 안에 쓸쓸한 그리움 조각들 씹으며
먼 산을 바라보는 사람들에게
넉넉한 고향 인심 담아줄
중천의 둥근달 되게 하소서.

주님!
올 추석에는 별빛 되게 하소서

고향집을 떠날 때에는
돈을 벌면 다시 고향으로 오리
내년에는 꼭 가리라 생각했는데
차라리 별이라도 되어
고향하늘 밝힐 별빛 되게 하소서.

주님!
올 추석에는 갈바람 되게 하소서

배고픈 시절 자식 간식거리로
아버지께서 뒤뜰에 심은 감나무
힘들게 여름 견딘 풋감들이
사르르 군침 돌아 달콤하게 익게 할
따뜻한 갈바람 되게 하소서.

추석 단상

해마다 추석이 찾아오는 때면
돌아갈 고향 길을 찾아갑니다.
너무 오랫동안 객지생활에
여기가 고향으로 착각하였지만
언젠가는 돌아갈 고향이기에
달빛 길을 밝힐 때 찾아갑니다.

바람 불 듯이 지나가버린
세월들 그리고 세월들
손에 잡힐 듯 가까이 있었지만
넘어온 고갯길이 가파르고
조용히 문을 닫고 자리에 누워
손바닥을 펴면 항상 빈손입니다.

오늘처럼 창가에 둥근 달 찾으면
책장 넘기듯이 다가오는 사람들
함께 웃고 울고 걸어온 고마움
올 추석에는 달콤한 송편이나 빚어
고향 길 찾아가는 나그네 길에
들꽃 향기라도 되었으면 좋겠습니다.

행복이어라

촉촉한 안개를 베고 누운
솔향기 자욱한 아침
푸른 들풀 커튼 사이로
여름 향기 스며들고
솔잎 사이로 들리는 매미들의 합창
사방천지를 둘러봐도
여호와 이레의 하나님뿐이니
여기까지 인도하신 하나님을 찬양합니다.

질투하는 여름 햇살은
구름기둥에 숨어있고
충주호 물 따라 굽이굽이 돌아
괴나리봇짐 풀어놓고
다소곳이 양손 모아 드리는 기도
삶의 무거운 짐 받아주시는
하나님 사랑에
뭉클한 가슴뿐입니다.

이른 아침 산 눈을 뜨고
산촌 닭 울음 시간을 깨울 때

새벽을 깨워 말씀을 받고
끼니 때마다 맛깔 좋은 음식으로
오순도순 일용할 양식 즐거우니
형제가 연합하여 동거하는
하나님의 자녀됨이
어찌 이렇게도 사랑스러운지요.

희망의 꿈나무들
올망졸망 자녀들 눈망울 속에
조국의 파란 불빛 반짝이고
하늘에서 땅까지
하나님이 주시는 생명으로 넘치니
지천에 흐르는 희망의 샘물
사방팔방에는 온통
성령의 열매 익는 향기로 충만합니다.

삶에 지친 무거운 짐 받으시는
여호와 하나님 나의 아버지
시시때때 터지는 함성으로
두 손 높이 들고 올리는 찬양

3대가 함께하는 아름다운 하모니
우리들은 함께
천국까지 걸어갈 희망샘 가족
아! 이 모든 것 환상적인 행복입니다.

전교인 여름 수련회를 마치고

희망이 해답

막히니까 희망이다
실패하니 희망이다
답답하니 희망이다
넘어지니 희망이다

희망은 대답이다
희망은 뚫림이다
희망은 형통이다
희망은 소통이다

희망을 찾아가라
희망을 느껴보라
희망을 즐겨보라
희망을 붙잡아라

4부

고운빛 옹달샘

감사1

씨 뿌릴 때 이른 비
추수할 때 늦은 비
선선한 바람과 맑은 햇살
소금 뿌리듯 골고루 뿌리시고
겨울 봄 여름 가을 빈틈없이 매만지시고
통통하게 가꾸시는 손길
하나님의 손길입니다.

밀, 벼, 보리, 수수, 조
감, 귤, 대추, 바나나, 배, 밤, 사과, 포도.
감자, 고구마, 땅콩, 메주 콩
들깨, 참깨, 콩, 호박,
가지, 무, 배추, 오이, 토마토…
지천에 널려있는 곡식, 과일, 채소들.

오늘 아침, 닫힌 창을 열어
바닷가 모래알처럼 널부러진 감사들
하늘의 잔별만큼이나 무수한 감사들
잊힌 영혼에 감사를 새기어
추수감사절 아침에 올리옵니다.

감사 2

마른 떡 한 조각도 감사로 먹으면
진수성찬 산해진미 수륙진미요.
단칸방 고독해도 감사를 생각하면
이곳이 유토피아 천국이어라.

바람 부는 것이 감사라면
흔들리는 가지 있음도 감사요
밤하늘 어두움이 감사라면
은빛 쏟아내는 별빛이 감사이어라.

하늘의 별처럼 많은 감사
바닷가 모래만큼이나 충만한 감사
지나온 흔적마다 가득히 고인 감사
앞으로 남은 길에 활짝 필 감사.

밤 지나 아침 되면 뚝뚝 떨어져
한 치씩 짧아지는 남은 생애
감사만을 찾고 감사만을 주워
내 가난한 지갑을 채우게 하소서.

기다림

양탄자를 깔고
촛불을 켭니다.
바람이 스칠지라도
오늘은 속지 않으려
시간을 멈추고 기다립니다.

모자를 쓰고
호루라기를 불었습니다.
낯익은 소리에
발걸음 멈출 때
찬찬히 찾아보려 합니다.

장미 한 송이
가슴에 꽂았습니다.
보고픈 사람 위해서라면
꽃잎 분홍 가슴에 젖더라도
피고 또 피우렵니다.

딸아이 호주로 떠나는 날

생명 1

질퍽이는 갯벌이라면
아마도 말문을 닫았을까?
죽은 조개껍질에도 바다는 생명의 노래로 부서지고
석화된 바위를 흔들어 살아 숨 쉬게 하는
아! 생명의 존엄함이여.

조개껍질을 줍듯이
생명을 움킬 수 있다면
바다의 물도 양손에 담겠지만
생명은 하나님의 것
하나님이 주신 선물인 것을.

살아있다는 것
이보다 더한 기쁨 있으랴
종이배를 타든 바람 앞에 촛불이든
생명 있음은 축복
살아있음은 그것 때문에 정녕 행복함이라.

생명 2

어린 달팽이
갈대 잎을 잡고
서울 답십리로 가자 한다

겨우 하나 생명 있다고
주소도 모르는 길
당당히 나서나

얼마나 복잡한 서울 길인데
네비게이션 하나 없이
나설 수 있나

세상을 이기는
가녀른 생명 하나
생명은 참으로 위대한 열정.

생명 3

작은 들꽃 한 송이를 보면서
바쁜 걸음 멈추고
사랑의 눈빛 깜박이며
야! 참 아름답다고 말하는
생명이 있어서
살아온 시간이 감사하구나.

잠깐 모였다 흩어지는
구름 한 조각 마주치면서도
침침한 세월의 눈 비비며
어메! 저 구름 참 멋있다 외치는
생명이 있어서
산다는 맛이 달콤하여라.

세월이 밀어낸 자리에
얼굴 깊이 파인 주름 덮였어도
어두운 가슴 밝힐 등불 켜고
훗날! 천국을 희망하는
생명이 있어서
석양에 걸린 세월 아름다워라.

생명 4

아프다 말하는
생명이 있기에
건강에 무한 감사합니다.

슬프다 느끼는
생명이 있기에
웃음이 가볍지 않습니다.

괴롭다 고백하는
생명이 있기에
평화를 아끼고 사랑합니다.

생명 5

숱한 세월동안
잔인한 죽음의 능선으로
거친 호흡하며 오르내릴 때
여린 호흡을 지키어
안개꽃 피워내는
너, 소중하고 고마운 생명아!

강자와 약자 사이에서
시류를 견디며
오직 한길 걸어와
토닥토닥 야윈 등 두들기어
오늘도 아침의 창을
열어 하늘을 호흡하게 했습니다.

황금이 축복이라 자랑하지만
후미진 곳에서
쿵덕 쿵덕 일어섰다 앉고
앉았다가 일어서는
여린 심장소리
생명! 생명 있음이 축복입니다.

생명 6

사랑한다 말하지 못하고
고맙다 말 한마디 없어도
강아지처럼 꼬리 흔들며
흔들리는 세상 다리 건너
여기까지 살갑게 쫓아온
고마운 내 길동무 하나.

윤기 나던 얼굴 떠나버린
석양이 머문 빈 의자에
관객 없는 북소리 요란하지만
아직도 처음처럼
빈 손에 꽃 한 송이 놓아주는
생명이 있어 행복합니다.

아마도 세상 껍질 벗는 날
둥근 쟁반에 밝은 미소 담아
세상에 올 때처럼
삶의 담벼락 돌담사이로
하나의 꽃으로 피우소서.
안개꽃이어도 괜찮습니다.

화평 1

여린 붓에 푸른 물감 듬뿍 찍어
파란 하늘에 뭉게구름 올리며
잔잔한 호수에 백조 한 쌍 띄우고
노랑나비 팔랑거리는 날개 틈으로
"화평"이라는 이름을 적어 봅니다.

어린 붕어 실바람에 눈 뜰 때
풀잎에는 금빛 햇살 춤추고
촉촉이 정다운 시간 지나는 길에
이리 들추고 저리 살펴보아도
눈물 사연들은 찾을 수 없습니다.

가슴 사이로 와락 젖어오는
터질 듯한 아름다운 사랑이여
오늘 저녁에는 밤하늘 들추어
화평이란 이름의 별 하나 찾아
꽃피는 마음에 걸어둘까 합니다.

동대문구 소식지에 실린 글

화평 2

세상에 모든 말을 뒤지며
표현된 말 더미를 헤치며
찾아, 찾아낸다할지라도
화 평
이보다 더 아름다운 말이 있을까.

땅이 흔들일 때도
바닷물이 흉용할 때도
부서지고 헝클어진다해도
붙들어야 살 수 있는 한마디
화 평

화 평
네 행복한 미소 번지는 날
미움의 골짜기가 메워지고
광야에 길이 열리며
사막에 강이 솟고
슬픔의 산들이 낮아지고
마음에는 따스한 바람 불어
억눌렸던 가슴에

부르다 멈춘 화평의 노래
눈물 강 건너, 건너
다시 부르는 화평
하얀 깃발로 나부낍니다.

화평 3

황사비, 그리고 방사능비
부서지고 흔들리는 세상에
영혼의 뿌리까지 환하게 비추는
십자가 위에서 내리는
예수 그리스도의 화평의 빛이여.

아침에 눈을 뜨고
내 입술에 찬양이 쏟아지는 것은
지난밤 어두움 씻어내시고
하늘에서 내리는 새 능력 되신
예수 그리스도의 화평 덕분.

청아한 아침 이슬 빛으로 열리는
주님 다스리시는 밝은 세계여
독수리 두 날개 힘찬 날갯짓으로
십자가 지신 예수님 품으로
또 한 번 날아가자, 화평의 세계로.

화평 4

화평이 하얀 꽃이라면
죄악의 허물을 삼키고
어두운 시간을 녹이는
밝은 꽃! 영원함이여.

바람에도 날리지 않고
온세상 가슴으로 품고
흔들어도 묵묵한 자태
십자가! 예수님 꽃이여.

억만년의 세월 속에 피고
한순간에 지는 꽃 사이
시들지 않고 영혼에 피는
예수님! 십자가의 꽃이여.

화평 5

가야할 길이 보이지 않을 때
청자빛 하늘색 고운 손짓으로
험한 가시밭길 헤치며
아득한 산마루까지 동행할
화평의 씨앗 마음에 심었습니다.

움트는 세월 더딜지라도
가슴에 꼭꼭 품고 또 품어
기다리고 다시 기다린다면
물방울 속에 바다 있듯이
화평, 큰 나무 반드시 되리라.

언제인가 소중한 푸른 생명
커튼이 내려지고 문이 닫힐 때
가슴에 남은 나직한 소리로
화평케 하는 자들은 화평으로 심어
의의 열매를 거두느니라(약 3:18)
화평이 마지막 기도이게 하소서.

5부

초록빛 어울림

7월의 기도

허리 접힌 한해를 돌아보면
움푹 파인 세월의 자취마다
한 아름 고인 들꽃 향기
하나님께서 베푸신 은혜입니다.

애써 뿌린 꽃씨 한 알 없으나
푸른 마음으로 속삭이는 사랑 담아
이른 비와 늦은 비의 은총으로
이렇게도 향기 나게 하셨습니다.

달도 차면 기운다고 했는가
가로등불 희미하게 껌뻑일 때
지름길로 달려오는 세월의 틈으로
앞선 걸음 사이 갈 길을 봅니다.

세월에 묻혀만 가려는 주님 은혜
흥건히 적신 장맛비로 촘촘히 적어
뜨락에 고인 달빛에 펼쳐 들고
목청껏 찬양이라도 했으면 좋겠습니다.

골고다

그곳의 아침은
어둠이 깨어나지 못하고
검은 혓바닥으로 맛을 훔쳐가는
피비린내로 가득하다.

그곳의 시간은
좀처럼 앞으로 가지 않고
녹슨 사슬에 매인 채
절망의 화살표로
힘을 다해 질주한다.

그곳의 밤은
별들이 빛을 잃어버리고
아침의 길을 막고
어두움을 파헤치는
소리만 요란하다.

갈보리의 슬픈 노래

태양, 너마저도
얼굴을 들 수 없었는가?

녹아내리는 슬픔 밝은 빛으로 볼 수 없어
얼굴을 어둠에 묻어 버렸나.

골고다 언덕에 우리 예수님
십자가에 못 박는 망치소리
산천을 치는 메아리여!

절절히 흐르는 통곡의 울음 무명의 산새들이여
너마저 울다 지쳤는가?
하늘을 찢고 쏟아내는 주님
심장에 흐르는 붉은 피.

엘리 엘리 라마 사박다니
엘리 엘리 라마 사박다니
나의 하나님 나의 하나님
어쩌하여 나를 버리시나이까

애절한 절규 주님 가슴에 묻은 채
슬픔은 길 잃은 바람
아버지의 사랑마저 아버지의 사랑마저
어찌 이렇게 침묵한 채 깊히 깊히 잠들었는가.

갈보리 언덕이여 너는 알겠지
우리 주님 당하신 고통
얼마나 아프면, 얼마나 아프면
주님 십자가의 아픔 알리요
얼마나 슬프면, 얼마나 슬프면
가슴 터지는 주님 슬픔 알리요

아! 그 십자가의 아픔
아! 그 십자가의 슬픔
하늘이 우니 땅의 눈물 되었고
땅이 울어 하늘의 슬픔 되었네
오! 잊지 못할 갈보리 언덕의 슬픈 노래.
갈보리 언덕의 아픈 노래.

성금요일

대림절 1

창문을 열었습니다
방안 가득 담아 둔 녹슨 흔적들
낡은 노트에 남긴 채
기다립니다. 주님!
오셔서 빛으로 채워주소서.

꽃 한 송이 꽂았습니다
화병에 물이 마르고
바람에 향은 씻겨
벌 나비 찾지 않지만
사모합니다. 주님!
오셔서 생수로 채워주소서.

마음을 열었습니다
쓸쓸히 눈물짓는
삶에 고단한 나그네
오늘 가냘픈 손 흔들며
기다립니다. 주님!
오셔서 희망으로 채우소서.

대림절 2

언제나 가던 세월이지만
나뭇잎이 떨어지고서야
푸른 여름날 추억들
조각난 세월에 하나 둘 새겨갑니다.

인적 머문 뜨락
외로운 은행나무 한 그루
한여름 태풍에도
쏟아지는 빗물에도
끈질기게 가지 끝을 지키더니
갈 햇살과 바람 한 줌에
푸르던 자리 내어준 채
힘없이 뒤돌아 누운
생기를 잃고 허물어지는
허무한 군상의 일생을 봅니다.

매서운 한 세월
싸늘한 기운만 가득할지라도
내년 봄에 돋을 생명
기다림이 있어 우리는 행복합니다.

대림절 3

싸리문 넘어
소복소복 눈이 쌓이면
낯선 땅, 외로운 삶의 터 위에
우리 주님, 예수님
새 하얀 축복
가득히 담으시려 오시렵니까?

살아야한다는 이유 때문에
깨어있지 못해
거칠고 메마른 영혼
부끄러운 마음으로
시냇물 찾는 사슴처럼
찾아오실 주님을 기다립니다.

막막하게 덮쳐오는 구름에
어둠에 아득한 내일
하늘 무너지는 슬픔이라도
갈보리 십자가 사랑 쏟으시는
그리운 당신 앞에서는
늘 미소 가득한 행복입니다.

손끝 시려오는 언덕
서쪽으로 기운 세월 앞에서
기다립니다. 주님
더 많이 어둡기 전
환한 가슴에 안기고 싶습니다.
마라나타! 속히 오시옵소서.

대림절 4

내가 사랑으로 목말랐을 때
당신은 사막에서 물을 길어
목마른 내 영혼을 촉촉이 축여주셨습니다.

주님 주시는 물이
어찌 그렇게 달고 맛있는지
해묵은 갈증이 시원하게 해결되었습니다.

내가 그리움으로 목말랐을 때
당신은 흰 눈 사이로 걸어와
그리운 내 가슴에 따뜻한 모닥불이 되셨습니다.

주님 주시는 따뜻함이
이렇게도 포근하고 아늑한지
해묵은 상념이 하얀 구름으로 날았습니다.

주님, 나를 향한 주님의 사랑은
나의 영원한 행복입니다.
주님, 나를 향한 주님의 마음은
나의 유일한 기쁨입니다.

대림절 5

아침과 저녁 사이 오가는 수많은 세월
강보에 쌓인 어린아이는 어느덧
희끗 희끗 눈 꽃송이 만발할 때
어머니 젖줄처럼 내 생애 양식이신 주님.

먼 태초부터 여기에 이르기까지
찬 들녘의 외로운 백합화를 키우시듯
공중의 나는 새를 그렇게도 먹이시듯
약한 자를 푸른 초장으로 인도하셨습니다.

나 비록 사망의 음침한 골짜기 지날지라도
머리끝 하나 상치 않게 인도해 주시고
인자와 긍휼로 영광의 관을 씌우시니
여린 가슴에는 푸른 희망으로 넘치나이다.

언젠가 삶의 무대에 커튼이 드리워지고
찬란한 조명들이 하나 둘 꺼질지라도
내 가녀린 심장으로 주님만을 호흡하며
두 손 마주잡고 주님만을 기다리렵니다.

대림절 6

눈물 뿌리는 날이 있었습니다.
온종일 멈추지 않고 내리는 비처럼
마음에 쏟아지는 아픔
도울 자 없어 먼 산만 바라보는
멈춘 시간을 헤맨 적도 있었습니다.

허지만 돌아누운 태양을 향해
힘든 날갯짓 기러기 비행을 보며
돌고 돌아온 지난 세월들은
등 두들겨 손 잡아 주신 주님
나에겐 기다리는 그리움입니다.

삶의 언저리에서 불던 찬바람
마른 가지 붙잡은 작은 잎새 하나
기어코 떨어뜨리고 갔었지만
다시 돋을 새싹을 알게 하신 주님
나에겐 내일을 걸어가는 사랑입니다.

다시 웃는 날을 기다립니다.
비가 와도 울지 않을 날을 위해
마음에 담은 작은 화분에
내일에 피어날 햇살을 심고
주님과 희망의 꽃을 피우럽니다.

대림절 7

예수님! 기다립니다.
예수님이 오시지 않으시면
시린 가슴 찬바람 일고
세상의 슬픔 안고 외로움만 남았을텐데…
예수님, 오신다기에 내 마음 어느덧
향기로운 꽃밭 되었습니다.

예수님 오신다기에
지난 슬픔 하얀 종이배에 싣고
망각의 강에 띄우고
내 영혼 나비 날개 춤추고
새 하늘 새 땅 영광으로
할렐루야 찬양되었습니다.

주님 기다림의 찬양에
온갖 슬픔 물러가고
어둠의 땅에 참 빛 쏟아지리
주님 오심을 기다리는 마음
하늘 천국을 예비하는
하늘의 천사입니다.

대림절 8

가지 끝 찬바람 머물고
아랫목 화롯가 군고구마 맛있게 익을 때
객지 나간 자식 한 통의 편지 기다리듯
삶에 지친 몸 가누며
평화로 오실 주님 기다립니다.

처마 끝 고드름 길게 열리고
호롱불 꺼진 고향집 아랫마을 어미 개 짖을 때
윗 마실 가신 엄마 따뜻한 품 기다리듯
세월에 피곤한 영혼
주님 안식 기다립니다.

한 세월 밤 하늘 별처럼 머물고
귀밑머리 하얗게 전설처럼 익을 때
바스락거리는 지난 추억 어금니에 살며시 물고
도란도란 별 이야기
구유에 오실 주님 기다립니다.

부활 1

목련꽃 하얀 물결
가로등 가물거리는 밤길
저만치 하얀 세마포 입은
빛이신 주님
주님은 가슴 벅찬 감격입니다.

어두운 밤 닫히고
새 아침이 오는 여명에
금빛 날개 번쩍이는
부활의 주님
살아야 할 이유를 얻었습니다.

죽음의 무덤 깨뜨리시고
얽매인 죄 사슬 풀어
환희와 함께 오시는
희망의 주님
주님은 나의 참 생명입니다.

부활 2

죽음이 끝이라 하는 사람들에게
죽음이 죽는 죽음이 있음을
스스로 밝히시고
사는 죽음을 죽은 예수님
예수님은 우리의 영원입니다.

죽기 위해 산다는 사람들에게
살기 위해서 죽음을 택하신
오직 한 분
살리기 위해서 죽으신 예수님
예수님은 생명의 부활입니다.

죽으시고도 다시 사신 예수님
예수님 안에 산다는 것이
이렇게 행복할 수 있다는 것을
하얀 목련꽃 필 때쯤
부활의 꽃으로 가슴에 피어납니다.

부활 3

백색 천지가 오다.
좀처럼 지울 수 없었던 얼룩
겹겹이 쌓인 삶의 묵은 찌꺼기
이렇게 맑게 지울 수 있나.

하얀 빛에
눈이 부신다.
틈사이로 빛이 들어온다.
모든 틈을 백색으로 메운다.

흐르는 눈물이 멈춘다.
해묵은 슬픔이 껍질을 벗는다
밤새도록 가슴 앓이하던 아픔도
온통 뒷모습이 희다.

마음에 하얀 나비 날은다.
어리석던 삶의 흔적에도
여울목에 내려앉은 은빛으로
유난히도 반짝인다.

십자가에 앉은 햇살이 따사롭다
마주치는 얼굴들
금빛 햇살이 투명하다.
부활의 아침이 환하게 밝아온다.

사순절 기도 1

주님!
어느 날인가요?
어두운 추위 가슴까지 시리게 하던 날
찬 가슴 따뜻하게 녹여주시는
주님의 손길을 찾았습니다.

사망의 골짜기에서
지팡이와 막대기로 건져주시던 주님,
아픔의 길을 걸었던 자만이
느낄 수 있는 주님의 따스함
주님만을 생각함이 이렇게 행복할 줄
이제야 알았습니다.

주님!
주님을 생각만 해도
이렇게 가슴 설레일 줄이야
전에는 몰랐습니다.
아! 주님은 저에게
아주, 영원한 행복입니다.
멈추지 않을 사랑입니다.

사순절 기도 2

주님!
오늘 새벽 기도하다
주르르 눈물을 쏟았습니다.
슬퍼서 우는 눈물이 아닙니다.
억울해서 흐르는 슬픔이 아닙니다.
고독하여 떨구는 아픔도 아닙니다.

죄인을 사랑하시기 위해
십자가 위에 달리시어
목숨까지 버리시면서
이렇게 사랑하시다니…

그 사랑 생각하면 할수록
사랑 없이 지난 세월
주님을 부르기가 부끄러워
그만 주님 사랑 앞에
어머니를 찾은 아이처럼
눈물 쏟았습니다.

예수님 명상

이런 날
비가 오지만 마음이 말라
건드리면 마른 먼지 터지는 날
예수님 생각합니다.

이런 때
사랑할 자를 앞에 두고
사랑 받기만을 기다리는 때
예수님 생각합니다.

이런 순간
버려야 함에도 못 버린 채
움켜쥐고도 목마를 때
예수님 생각합니다.

성탄 1

어두운 마음 우울한 마음
안식을 잃어버린 세상 임마누엘
아기로 태어나신 예수님
겸손한 마음 낮아진 마음, 비로소
세상에 평안이 넘쳐납니다.

가는 시간 오는 세월
한 시도 쉼이 없는 자리 임마누엘
강보에 쌓인 아기 예수님
고운 살결 밝은 웃음, 비로소
온 세상이 참 쉼을 얻습니다.

외로운 사람 가난한 사람
슬픈 눈물 텅 빈 자리 임마누엘
구유에 누우신 예수님
따뜻한 마음 넘치는 기쁨, 비로소
온 누리가 춤을 춥니다.

성탄 2

소복소복 흰 눈이 내릴 때
찬란한 어두운 하늘의 별빛처럼
죽음의 슬픔과 고통에 묻힌
빛을 알지 못하는 세상에
꺼지지 않을 빛으로 오신 주님.

주님이 걸어오신 길에는
하얀 국화꽃 같은 눈송이
소복소복 터널 만들고
두려움으로 떨던 세상을
온통 흰 세마포로 덮었습니다.

얽히고 설킨 세월 늪에서
목마른 사슴 시냇물 찾듯
기다리고 기다린 마음 받으시고
밝은 빛 따뜻한 가슴 가득히
약속대로 오신 주님.

슬픔과 아픔, 외로움
삶에 지친 무거운 근심 덩어리
하얀 주님의 품에 안겨서
흐르는 줄기 눈물 닦아내고
새 하얀 희망을 노래합니다.

성탄 3

외로운 산골
기운을 잃은 호롱불
가물거리는 세월 앞에
시린 손 호호 불며
기다리고 기다렸던 주님.

메마른 사막
홀로 외로운 길 걸으며
지난밤 하얀 눈 위에
발자국 남기시고
한 걸음 한 걸음
송이 눈 같은 밝은 미소로
어둔 길 밝히시며
약속대로 오셨습니다.

눈 내리는 창가
따뜻한 주님 손 잡고
하늘 나라 이야기
도란 도란 들으며
주님 품에 잠들고 싶어라.

주님과 동행이 행복이라네

주님을 만난 영혼
이슬에 반짝이는 풀잎의 이슬처럼
영롱한 빛으로 밝히 빛나네.

주님과 걷는 영혼
강보에 쌓인 어린아이 미소처럼
행복한 눈빛으로 평안하다네.

주님과 사는 영혼
저녁에 붉게 물드는 노을처럼
형형색색 아름답게 빛나네.

십자가 1

죽음이 죽는
무덤이 있습니다.

십자가 위에
세속의 죄가
무서운 형벌에 녹는
죽음이 죽는
무덤이 있습니다.

죽음이 사는
무덤이 있습니다.

십자가 안에
무한한 능력
죽음이 죽고 부활을 보는
영원이 사는
무덤이 있습니다.

십자가 2

십자가에 묻혀 버린 십자가
또 하나의 십자가를 지고
다시 십자가 언덕으로
홀로 올라갑니다.

십자가에 주님 보혈 간 곳 없고
이성의 불빛에 십자가는
고통당하다 문명이란 언덕에서
울고 있습니다.

십자가에 죄인들이 왔지만
화려한 군상의 냄새로
대속의 은총이 떠난 채
십자가는 또 한 번 세속에서
홀로 아파합니다.

십자가 3

하늘에 하나 둘 별들마저 잠들 때
골고다 언덕에는
어두움과 싸우는 외마디 절규.

이 쓴 잔 살점을 오려내는 고통
실핏줄 찢어지는 쓰라림
소용돌이치는 아픔 지나칠 수는 없을까?

검게 포장된 두꺼운 죄악의 껍질
우르르 떨다 땅으로 떨어지는
갈보리 언덕의 십자가.

어느새 태양도 몸을 떨며 얼굴 가리고
땅의 어두움은 산산 조각 나는 순간
십자가 보혈은 어두운 껍질 벗겨낸다.

십자가 4

사람은 있었지만
한 사람도 없었습니다.
주님!
십자가 지시던 날
세상의 사람들은
온통 숨고 말았습니다.

빛이 있었지만
어둠이 덮였습니다.
주님!
십자가에 달리시던 날
온 세상은
까맣게 눈을 감았습니다.

소리는 있었지만
듣지 못했습니다.
주님!
십자가에 못 박히시던 날
세상의 소리들은
침묵하고 말았습니다.

인내의 승리

요사스럽지 않고 수다스럽지 않은 채
강을 건너고 골짜기를 지나고 광야를 걸어
여기까지 오는데
이마에 맺힌 땀 닦아주는
부드러운 손길

비틀거리는 몸을 기대지만
언제나 촉촉한 어깨를 가진
따뜻한 가슴으로 품어주며 하는 말
괜찮다 걱정하지 마
떠나지 않을 밤은 없어
한잠 자고 나면 될 거야

화려하지도 않고 시끄럽지도 않은 채
언제나 당당하게 승부수를 던져
백전 백승의 승리
인내가 있어 인생의 길이 아름답다.

인내의 미소

한 서린 슬픔의 강을
어찌 건널까?
부르튼 손으로 땅을 칠 때
푸른 희망으로 채우는 미소
참아 견딘 자만이 얻을 수 있는
인내란 미소.

눈물 고인 골짜기를
어떻게 지날까?
고독한 창의 커튼을 칠 때
밝은 햇살처럼 쏟아내는 미소
참고 견디는 자만이 누릴 수 있는
인내란 미소.

가파른 인생의 언덕을
언제 넘을까?
턱에 달린 호흡 거칠어질 때
인내할 수 있는 자만이 얻을 수 있는
인내란 미소

인내의 행복

인내가 얼마나 아름다운지
잠 못 이루는 밤 젖어가는 눈을 뜨고
어둠과 함께 뒤척일 때
그래 참자 참자 참지 못할 일이 어디 있냐
들려주시는 주님의 음성 때문에
뜬눈으로 지새운 지난밤
햇살에 씻긴 아침 아름답기만 합니다.

인내가 얼마나 행복한지
이유 없는 분노로 가슴에 불을 달고
스스로 웅덩이를 팔 때
믿음의 시련이 인내를 만들어낸다는
주님이 들려주시는 음성 때문에
여러 가지 시험 중에서라도
살아가는 나그네가 행복하기만 합니다.

인내가 얼마나 축복인지
왜 나만이 당하는 시련이냐고
하늘을 향해 원망을 쏟아놓을 때
인내를 온전히 이루라
십가가 시련을 참으신 주님 생각 때문에
시련이 축복임을 이제야 알았습니다.

인내의 향기

지난여름
고막을 찢으며 쏟아지던 빗소리
사이사이 비좁게 헤치며
인고의 산맥을 넘어오던 너.

요동치는 세상에
참지 않고
이루어가는 삶이 어디 있을까?

언덕에 핀 가을꽃은
고난과 아픔이 머문 흔적
얇아진 햇살 너머 모진 비바람 참아낸
인내의 아름다움이여.

인내란 가지마다
가을은 하늘색 닮은
파란 열매 향기로 가득합니다.

인내의 깃발

목말라 비틀거리는 발자국처럼
시련의 파도가 밀려와 질퍽이는 늪으로
낙심의 한숨이 긴 꼬리를 드러낼 때
어두움을 걷어내며 다가오는
인내의 깃발에는 항상 승리만 펄럭인다.

한여름 뜨거운 열기를 삼켰는가
탁류가 삼켜버린 도심지 한가운데로
절뚝거리는 사람들이 지나갈 때
상처난 가슴을 보듬으며 나부끼는
인내의 깃발 아래 승리의 함성이 가득하다.

우리가 가야할 길이 남았는가
무수한 시련의 파도 한가운데로
눈먼 사람들이 질주할 때라도
신작로 한가운데로 뚜벅 뚜벅 걸어오는
인내의 깃발, 정오 햇살에 눈이 부시다.

작품해설

고향, 강가, 가을 길에 남은 태양빛 신앙의 시학

민용태(고려대 명예교수, 시인, 평론가)

"님만 님이 아니다. 그리운 것은 다 님이다."라고 하신 한용운님의 말이 생각난다. 류시욱 시인의 시 속의 "강가"나 "고향", "가을 길"에 모두가 그리움 냄새로 가득 차 있다. 가득 차 있다기보다는 온통 비어있다. 그만큼 목마름이 깊다. 그 목마름이 붓다를 향한 것이거나 예수를 향한 것이거나 어떤 영원에 대한 갈구, 영혼의 실체, 어떤 것을 향한 것이어도 좋다. 시인의 수도(修道)는 그 갈증의 길에서 이루어지니까.

로마의 시인 비르질리우스(Virgilius)는 "신(神)은 우리 속에 있다(Dues es en novis)"라고 말한다. 내 마음의 깊은 곳에 우리 영혼의 주인이 있다는 말이다. 따로 높은 곳에, 돈

많은 곳에, 복(福) 주는 곳에 신이 있다고 생각하면 최악이다. 차라리 지옥에 신이 있다고 생각하는 게 오히려 더욱 자비스럽고 구원적이고 종교적이다. 류시육 시인은 우리 사회의 그 오랜 종교적 편견과 기복주의를 초월하여 현실과 세속의 먼지 속에 묻혀 잊고 살던 "고향"을 그린다. 특히 모두 생명이 가난한 가을이 올 때 "가을 길" 어딘가에 있는 고독한 나를 찾아 나선다:

가을에는 길이 있다.
괴나리봇짐 매고
반겨줄 이 없는 곳으로
혈혈단신 떠난다 하여도
마음이 넉넉한 길이 있다.

- 「가을 길 1」 부분

 마음의 여행, 나의 마음으로의 여행은 짐이 가벼울수록 좋다. "괴나리봇짐" 하나면 어딘들 못 가랴. 구태여 친구도 필요 없다. 내 마음 하나 데리고 발걸음 소리 친구 삼아 발길 닿는 대로 따라가면 거기 "마음이 넉넉한 길이 있다."
 그 마음이 향하는 곳은 늘 "고향"이다. 고향은 내가 태어난 곳이면서 내가 마지막 돌아갈 안식처… "쌀독에 바람만 있어도/달려가서 안기고 싶은"곳이 마음의 고향이다. 라면과 햄버거, 패스트푸드에 묻혀 사는 현실 속에 "쌀독"이라는 말만 들어도 평안과 안도를 느낀다. 거기에 바로 나의 행복과 평화가 살아있는 "마당"이 있다:

그리움 한 가지만으로 가는 집이 있다.
빈 손으로 문을 열어도 평화로움이 머문 곳이 있다.

길을 몰라도
꿈속에서도 찾아갈 수 있는 마당이 있다.
쌀독에 바람만 있어도
달려가서 안기고 싶은 마음이 있다.

-「고향」 부분

나이가 들면 모든 사람들이 사색적이 되고 종교적이 된다. 가을이 되면 사람들은 조금씩 더 깊어진다. 그래서 "가을 길에는" "걷는 사람들이 항상 붐빈다":

깎지 않고 다듬지 않아도
길을 만드는 길
가을 길에는
길을 묻지 않고
걷는 사람들이 항상 붐빈다.

포장하지 않고 안내표시 없어도
길을 나서면
걷고 싶어지는 길
가을이 걸어가는 오솔길에는
사람들의 발자국이 요란하다.

가을이 낸 길을 걸으면

나는 가을이 되고

내 안에

또 하나의 길이 생긴다.

걸어온 길이 아닌 길 가을 길.

- 「가을 길 2」 전문

  참 평범하고 참 깊은 시다. 가을에 산에 가보면 사람들이 많다. 구태여 단풍길이 아니어도 산길을 걷는 친구들이 많다. 떼 지어 단풍구경을 온다거나 나와서 술타령을 하는 건 왠지 가을에 어울리지 않는다. 가을 풍경은 늘 말이 없으니까. 야단스럽게 빨간 글씨로 "산불불조심!"이라고 쓴 표지도 제일 필요하지만 제일 안 어울린다. 가을에는 장자의 말처럼 필요한 것보다 쓸모없는 것들의 부피가 더욱 커져 보이니까. 그냥 쓸데없이 길을 나와서 무작정 걷는 것이 가장 가을 길에 맞는 산보이다.

  수선스럽게 마음을 닦으러 산에 간다는 말은 가을 길에 어울리지 않는다. 다들 가을에는 그런 마음이 드니까. "가을이 걸어가는 오솔길"에는 영혼의 소리나 낙엽 지는 소리를 들으러 오솔길을 찾는 발걸음들이 잦다. 그것이 자연스럽게 "가을이 낸 길"이기 때문이다. 그 길을 걷다보면 "나는 가을이 되고/내 안에/또 하나의 길", 즉 "내 영혼이 가는 길"이 생긴다. 지금까지 죄지으며 살아온 길이 아닌 영원으로 통하는 오솔길 하나. 그것이 "가을 길"이다.

  류시욱 시인의 시에는 한용운님이나 스페인의 신비주의

시인 산 환 데 라 끄루스(San Juan de la Cruz,1562-1591)의 시에서처럼 만물의 아름다움에서 님(Amada), 혹은 하나님의 모습을 보는 신심(信心)에서 나온 사랑의 목소리가 있다. 류 시인은 가을길(「가을길 3」)에서 문득 님의 자취를 읽는다:

오시려면
기별이라도 하시지요.
돌담길 곁에 선 감나무
잎 하나 뚝 떨어질 때
놀란 가슴으로 성큼 오시나요?

머무시려면
흔적은 남지 않게 머무셔요.
만산의 푸른 잎
붉으락 누르락 불 질러놓으면
뒷감당은 누가 해야 하나요?

가시려면
그리움 남기지 않게 해야죠.
뜨락의 떨어지는 낙엽 하나에도
작년에 앓던 가슴앓이
보고 싶은 눈물 자꾸만 나네요.

— 「가을 길 3」 전문

스페인 신비주의 시인의 "정신적 송가(Cantico espiritual)"에도 아무도 모르게 왔다가 갔었다는 흔적과 안타까움과 그리움만 남기고 가버린 님에 대한 아픔과 눈물의 시가 있다:

"어디로 숨으셨나요/ 임이시여, 저만 신음하게 남겨두고?/ 저에게 상처만 주고 사슴처럼 달아나셨지요/ 소리치며 임을 따라 좇아 나갔지만/ 임은 떠나가셨더이다(…)"

그러나 류 시인의 시를 이해하기 위해서 그렇게 멀리 갈 필요는 없다. 한용운의 "님의 침묵"이나 "알 수 없어요"에도 자연 풍경에서 임의 발자취와 소리를 듣는 이미지들이 많이 나온다. 류 시인의 사랑의 시에도 그런 신앙인의 간절한 그리움과 연민이 담겨져 있다.

류 시인의 마음 바탕은 한국인이다. 그 마음 바탕에 사는 하나님에 대한 사랑 또한 "오두막집에서/ 밤하늘 밝히는/ 별빛"이다. 「강가에서 1」의 시는 이렇게 시작된다:

이제는 살리라
어릴 때 가재 잡듯
추억 붙잡고
강가 오두막집에서
밤하늘 밝히는
별빛으로 살리라.

- 「강가에서 1」 부분

류 시인의 마음에 드리운 하늘이나 하나님, 자연 이미지 또한 한국인답게 따뜻하고 정겹다. 「강가에서 6」의 마지막 연은 이렇게 끝난다:

솔바람 조용히 스칠 때도
토끼풀 하얀 왕관 쓸 때도
서쪽 하늘 노을빛 바라보며
엷은 미소 버리지 않은 강가
남은 태양빛이 아름답습니다.
　　　　　－「강가에서 6」 부분

　류시욱 시인의 시는 따스하다. 따스하고 정겨운 이미지들이 "엷은 미소 버리지 않고" 강가 물결이나 "솔바람 조용히" 흔든다. "토끼풀 하얀 왕관"은 동서양 하이브리드(hybrid) 이미지이다. 서양식으로는 클로버꽃 하얀 왕관이 되겠다. 류 시인은 아니다. "토끼풀 하얀 왕관"이다. 이 작은 이미지에서 우리는 류 시인의 자기 성찰적 신심의 깊이와 진솔성을 읽는다. "신은 우리 속에 있다"는 서양 시인의 말처럼 류 시인의 시심과 신심은 가장 한국적이고 가장 자기스러운 강과 고향과 자연에 바탕을 두고 있다.
　바탕이 있는 시인은 바다를 향한다. 미래를 향한다. 젊음을 향한다. 그리고 그 아름다움과 대견함과 희망을 본다. 그것이 적절한 의인화와 무형적 실체의 인간화로 감동을 이끄는 것이 류시욱 시인의 시의 놀라운 힘이고 마력이다:

소원이 뚜렷한 놈은
밤을 지나왔어도
목소리가 우렁차다
철썩 철썩.

콧대가 굵은 놈은
비오는 날
광야에 홀로 있어도
날갯짓이 힘차다.

푸른 등을 솟구쳐
구름을 입에 물고
밤새 돌아누운 바위를
흔들어 깨운다.

- 「파도」 전문

  교사나 목자로서의 젊음을 보는 사랑과 자랑스러움, 믿음과 칭찬이 하나의 거짓 없이 바다 앞에 있다. 파도 소리를 듣고 보며 너와 나는 우리 "파도"의 우렁참과 그 힘찬 날갯짓, 그리고 "바위를 흔들어 깨우는" 위대한 개벽의 찬가를 듣는다. 시적 에스프리와 이미지의 시학이 혼연일체를 이룬 훌륭한 시다. 특히 "푸른 등을 솟구쳐/구름을 입에 물고"의 이미지는 호연지기를 표현하는 절구 중의 절구!

부록

류명훈 시 모음

류명훈 시인은 저자의 장남으로 현재 장로회 신학대학 신학과에 수업하고 있으며, 월간문학바탕 신인상 수상으로 등단(2011.8)했습니다.

은혜

묵묵히 바람을 맞으며
거친 모랫길 위
맨발로 걸어가는
세월의 현자의 손엔
언제나 등불이 들려 있다

남루한 행색과 대비되는
투명한 그의 등불은
어두운 밤, 깊은 길을 가는
수많은 사람의 등대가 되어 주었다

소리 내어 등불의 이유를 묻고 싶었지만
그는 말없는 뒷모습으로
내게 말하고 있었다

내가 받은 은혜가 족합니다

미소

때는 청초한 밤
잔잔하게 일렁이는 수면 위에

달,
달이 떴다

옥빛으로 빛나는 그것
두 손에 움켜쥐고 싶어

깊이도 모를 수면 속으로
휘적휘적 들어가 정신 없이 퍼 담는다

한참을 해도 달은 그 자리에

옥빛으로 빛나는 미소
나를 애처롭게만 만든다

손은 저리고
힘은 다하여
자리에 철푸덕 하고 앉아
하늘을 바라보니
아서라,
내 어깨 위에 떨어지는 옥빛 미소
내가 이미 달 안에 들어와 있구나

물음

산은 흘러가고 바다는 쌓여간다
속절없는 세월 속에 모든 것은 변하지만
진리를 향한 청색 눈은
모진 바람에도 흔들리지 않는다

깜빡이지 않는 눈으로
무엇을 바라보는가

세상은 거친 모래알갱이의 안개 속

피눈물 흘리는 그 눈은
감기지를 않는다

뺨을 타고 흘러내리는 저 핏방울은
무엇을 위한 희생인가
차마 내뱉지 못하는 탄식 속에
조용히 고개를 돌린다

무제

겨울이 다가오는가 보다
색색 알록이던 잎들이
낯빛을 바꾸고 하나둘 떨어져간다

그들이 떠나간 자리
바짝 마른 외로운 가지들은
내 책상 위 남아있는
앙상한 달력을 생각나게 한다

달력 위에 수놓아진
색색 알록이던 기억처럼
하나 둘 찢겨 사라져버린 그리움

아쉬움 속에 그나마 견딜 수 있는 것은
앙상한 가지 같은 내 손
꼭 잡아줄 그대가 있기 때문이다.

초록빛 어울림

초판 1쇄 발행일 2013년 3월 31일

지은이   류시육
펴낸이   곽혜란
편집장   김명희

펴낸곳   도서출판 문학바탕
주소   135-080 서울시 강남구 역삼동 621-23 201호
전화   02)420-6791~2
팩스   02)420-6795

출판등록 2004년 6월 1일 제 2-3991호

ISBN   978-89-91993-77-8   03810
정가   10,000원

* 이 책의 저작권은 문학바탕에 있으며 이 책의 전부 또는 일부를 이용하시려면 저작권자의 서면동의를 받아야 합니다.

* 이 책은 국립중앙도서관, 국회도서관 홈페이지에서 검색 가능합니다.
* 문학바탕, 필미디어는 (주)미디어바탕의 출판브랜드입니다.